এ জীবন ক্রিকেট-লিখিত

এ জীবন ক্রিকেট-লিখিত

অভিনন্দন মুখোপাধ্যায়

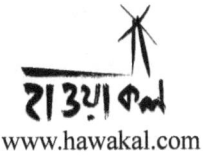

হাওয়াকল
www.hawakal.com

E Jibon Cricket-Likhito
A collections of Bengali Poems
by Avinandan Mukhopadhyay

প্রকাশ অগস্ট ২০১৮

© লেখক

প্রচ্ছদ : Canva

প্রচ্ছদ প্রস্তুতি: বিতান চক্রবর্তী

হাওয়াকল পাবলিশার্স কর্তৃক ১৮৫, কালি টেম্পল রোড,
নিমতা, কলকাতা—৭০০০৪৯ থেকে প্রকাশিত এবং
এস পি কমিউনিকেশনস্, গড়পাড় রোড,
কলকাতা ৭০০০০৯ থেকে মুদ্রিত।

info@hawakal.com
Contact: 8420758224

১৬৫.০০/-

ISBN: 978-93-87883-22-2

www.facebook.com//hawakaal.publishers

দেহকে শোধন করি, উঠে আসে ক্ষার
এটুকু প্রাপ্তিযোগ, এটুকুই কাচ ভাঙা মায়া
তৃপ্তি করি, স্নায়ু ভেঙে ছেয়ে যাই গরিবখানায়
সেখানে পতাকা ওড়ে, অন্ধ পতাকা

ধূর্ত হাওয়াকে আজ শ্বাস ভেবে টেনে নিই কাছে
ঝরে যায় পূর্বদোষ, বেলাগাম ক্ষতি
হ্যাঁ, দেহ, এটুকুই কামনাঘন রতি

সূচিপত্র

যখন ঈশ্বর ফুটবল খেলেন

যখন ঈশ্বর ফুটবল খেলেন
মনে হয় কেউ যেন গীতার সারাংশ
আমাকে প্রাঞ্জল করে বুঝিয়ে দিচ্ছেন
দিকে দিকে স্তোত্রপাঠ হচ্ছে আর
উল্লাসে ফেটে যাচ্ছে আমার দু-চোখ

যখন ঈশ্বর ফুটবল খেলেন
মনে হয় পৃথিবী আটকে গেছে পায়ে
কক্ষের বাকি যত গ্রহ দর্শকাসনে বসে পায়রা ওড়াচ্ছে আর
গৃহে গৃহে বেজে উঠছে শঙ্খের ধ্বনি

ঈশ্বর এগোচ্ছে যত চক্রবূহ্য ভেদ করে করে
সে এক মোহময়ী ডজ
সে এক জাদুকরি ইনসাইড ড্রিবলের বশে
মুহূর্তে থেমে যাচ্ছে গৃহযুদ্ধ
আমেরিকা এক গোছা ফুল এগিয়ে দিচ্ছে প্যালেস্তাইনের দিকে
সমস্ত জঙ্গিঘাঁটিতে বারুদের পরিবর্তে জ্বলে উঠছে ধূপ
আর তৃতীয় বিশ্বের পোড়া দেশে একবেলার ক্ষুধা চেপে
ঈশ্বরের ছবি কিনে দেওয়াল ভরাচ্ছে কিশোর

যখন ঈশ্বর ফুটবল খেলেন
সমস্ত ঘাসেরা মাথা নত করে দৈব-শটের অপেক্ষা করে
আর আমরা চন্দ্রাহত গোলকিপারের মতো দেখি
আমাদের পাশ দিয়ে উড়ন্ত পৃথিবী ঢুকে যাচ্ছে
স্নিগ্ধ ওষুধের মতো
যাবতীয় অসুখের ভেতর

পারিবারিক অ্যাসাইলাম থেকে

সংক্ষিপ্ত শহরের রক্তজালিকায় চিনির দানার মতো ছড়ায় পাগলের হাসি।
আর কতদূর একান্ত ঘুমের বসতবাড়ি? আর কতদূর নিরাপদে
একান্নবর্তীতায় ফিরে যাওয়ার দিন?
শীতল অন্ধকার এসে থামে আমাদের মধ্যবিত্ত অতি নিচু মশারির চালে।
ভেতরে শায়িত এক প্রাচীন অতীত। খোলা চোখ তার স্মৃতিরেখার মাঝামাঝি
স্থির। জট পড়া শিরা ও ধমনী থেকে উঠে আসে অন্ধ নদীর জল হাওয়া।
প্রাণ ভরে শ্বাস নিই, আত্মগোপন করি হয়তো বা ছয়ের দশকে। প্রচণ্ড
খিদেয় মুখ গুঁজে দিই ধার করে চেয়ে আনা সেদ্ধচালে। পাশে ওবেলার
অনিশ্চয়তা দিয়ে মাখা আলু।
ক্রমশ ভাতের ধোঁয়া পাঁচ দশক পেরিয়ে এসে স্পর্শ করে মশারির আয়ু।
প্রাচীন অতীত জুড়ে ধুলোঝড় বোবা হয়ে যায়। অপেক্ষা করতে থাকি
কখন থেমে যাবে পাগলের হাসি, আর আমরা মরচে ধরা স্থাপত্য নিয়ে
বেরিয়ে পড়ব ইতিহাসের সফল অধ্যায়ের খোঁজে।

কাম ও কর্ষণ

১.
সাধনা বিষম অতি, দেহলব্ধ কাম
মিশ্র আগন্তুক ঘোরে ফেরে জটিল শিরায়

আমি তাকে এনেছি দুয়ারে
তাড়িয়েছি শৈলীর ভেতর

চিনি তার ক্ষুধা, চিনি তার আগাম কৌশল
গর্ভগৃহের মাঝে বেড়ে ওঠে শুক্র ও তূণ

হাওয়ার কপাল থেকে নেমে আসে রক্তবাহী নীলা
শিল্পসম্মত ভ্রূণ

২.
জমি তো উষ্ণ গান, কৃষকবিপণী
নরম সৌধরেখা ঘিরে আছে গভীরতাটুকু

উর্বরতার মেঘ ছড়িয়েছে প্রস্তুতি ধানে
আর কোনো পোকা নেই
আর কোনো ঘৃণা নেই জেনো

একটি লাঙল শুধু চাষাবাদ ভুলে
হয়ে ওঠে বজ্র নিষাদ
অন্য শতক থেকে ডেকে ওঠে ঋণগ্রস্থ ছোরা
শুকনো খড়ের মতো স্তন

কুমারী ফসল নিয়ে মিশে যাচ্ছে কলঙ্কমাঠে
আততায়ী শ্রীবাৎসায়ন

স্নেহের আগুন

এসেছে জলের দাগ বুকে ও পাঁজরে
নিশানা ভুলেছে হাত ঝরে গেছে পাতা
আর কোনো অন্ত্যমিল ছিল না কোথাও
বশীকরণের দায়ে পড়েছে বিধাতা

আমি তো ছায়ার কাছে মাথা নত করে
বসেছি দিনান্ত প্রায় শেষ হয়ে আসে
একটি মোহর শুধু কুড়িয়ে নিয়েছি
তারপর এসে দেখি দেহটির পাশে

শুয়ে আছে অন্ধকার আধপোড়া চাঁদ
মাথায় কলসি নিয়ে অসহায় পিতা
আমাকে ইশারা করে ঢেলে দাও জল
ধুয়ে যাক বধ্যভূমি নিভে যাক চিতা

আমরা চিনেছি দেহ আবাহনি শুনে
ধোঁয়া ওঠে অবিরাম স্নেহের আগুনে

লেডিস সাইকেল

সার্কাসের মেয়েদের চোখে এত দুঃখ কেন?

তাঁবুর ফুঁটো দিয়ে উড়ে যায় ব্লন্ড চুলের সুরভি,
আলোর বিনুনি নেমে আসে
রিংমাস্টারের হাতে

অর্কেস্ট্রা তো কবেই উঠে গেছে, আর
বাঘের বদলে জাতিস্মর কুকুর এসে
চেটে নিচ্ছে সদ্য ধুয়ে আসা নাভি

জরির পর্দার ওপারে যত আলেখ্য গান
রঙিন রিবন দিয়ে বাঁধা
তিনটি শোয়েই বন্দুক তাক করে ফাটিয়ে দিচ্ছ
ফুসফুস
মাটি থেকে দশ-ফুট উপরে দড়িতে বেঁধে ঘোরাচ্ছ
দর্শকের প্রাণ

এসব সময়ে ম্যাকাও আবিল হয়ে
রিক্সা টেনে চলে যেতে চায় শহর ছাড়িয়ে—
খোলা থাইয়ের প্রতি গ্যালারি থেকে
হাততালি, সিটি, মানসিক চুমু বর্ষায়

তবু, সার্কাসের মেয়েদের চোখে এত দুঃখ কেন?

ব্রেকবিহীন হ্যান্ডেল ধরে হয়তো মনে পড়ে যায়
কোনো এক ঘরের দাওয়ায় চেন দিয়ে বাঁধা আছে
ক্লাস সেভেন ফেল করা
অষ্টাদশী লেডিস সাইকেল

মাস্তানি

পাগলের মতো সহন করছি মাটি
ঘুমন্ত বীজ। আগুনের ছোঁয়া। ধান।
বিরহী উঠোন। একলা শীতলপাটি
শুনতে পাচ্ছে রক্তের নির্বাণ।

পাশাপাশি বাড়ি। পাংশু নিথর গলা।
পতাকা বদল। অন্ধকারের ছুরি।
চাবুকের দাগ বসে আগাপাশতলা।
একটি শর্তে কয়েকশোবার পুড়ি।

মিছিলের মায়া। হাঁটে নিরাকার দেহ।
নিদান দিয়েছে জীবন্ত ঈশ্বর।
ভরসার ঘাড়ে চোখ রেখে সন্দেহ
দুমড়ে দিচ্ছে যে-কোনো সমস্বর।

পরান্নভোজি আমরা সমূহ দাস।
আমরা ভীষণ সর্বংসহা প্রাণী।
প্রতি কেজি দরে বিকোচ্ছে সন্ত্রাস।
প্রণাম তোমাকে, প্রণাম, হে মাস্তানি!

অধার্মিক

আগামীকাল আমি জন্মাব চাঁদডুংরির বুকে
গণতন্ত্র, রাজতন্ত্র সহ সমস্ত প্রবহমান ধারণার
মুখে ছাই দিয়ে জন্মাব বিস্ফোরণ সমেত
গৃহে আসবে শান্তি, থালায় আসবে দুধসাদা ভাত

মায়ের আনন্দ অশ্রুতে বেঁচে যাবে জলের অভাবে
শুকিয়ে যাওয়া চারাগুলো
বাবার প্রকৃতি সরলবর্গীয় গাছের মতো
সামান্য আনন্দে উজ্জ্বল রত্ন হয়ে গনগন করে জ্বলবে
একদিনের মাংসভাতের ভেতর আমি ঠিক জন্মে যাব
চোখে ঠুলি দিয়ে

হে পৃথিবী, অন্ধত্বে আমাদের জন্মগত অধিকার
দুশমনিতে আমরা বিদেহী আত্মার থেকেও তীব্র
আমি গর্ভজলের মাঝে শুয়ে দেখতে পাচ্ছি
জঙ্গলের উপরিভাগে অস্ত্র দিয়ে চামড়া সেলাই করছে কেউ
শোনা যাচ্ছে রক্তের চিৎকার

এইসবের মাঝে তথ্যবিকৃতি নিয়ে আগামীকাল আমি জন্মাব
একজন অধার্মিক মানুষের কঙ্কাল হয়ে

আত্মীয়

সহস্রকাল তোমায় ভাবব বলে
সাজিয়ে রেখেছি স্বরবর্ণের কড়ি।
বৃষ্টিবিকেল। বিস্মৃতপ্রায় ঘরে
মেঘদূত আর মির্জা গালিব পড়ি

ঠোঁটের কোণায় উষ্ণ জলের ফোঁটা।
শরীর সাধন। জ্ঞান হারানোর বোধ।
পাখির ডানায় সন্ধে নামার সুরে
আস্তে আস্তে পালিয়ে যাচ্ছে রোদ।

মেঘের পাপড়ি নামছে মরণ ঝড়ে
গাছেরাও দেখি বজ্রপোশাক খোলে
পাতার কাব্য ভরিয়েছি স্বাক্ষরে
সহস্রকাল তোমায় ভাবব বলে

পরিচয়হীন বর্ষামুখর দিনে
স্মৃতির অধিক আঙুল ছুঁইয়ে দিও
এই তো আমার হারানো প্রাপ্তি বায়ু
এই তো আমার নৃশংস আত্মীয়

ঘুমন্ত নগরীর রক্ত নিয়ে লেখা

ঘুমন্ত নগরীর রক্ত নিয়ে ফুটেছো গুলশন
       পারিজাতে লেগে আছে কান্নার দাগ

আমি হিংসা বলতে বুঝি দাঁতে চিবিয়ে খাওয়া
                 অন্ধকারের শেষাংশ
আমি সন্ত্রাস বলতে বুঝি গরিবের শেষ পাতে
                 জন্মানো ক্ষুধা
আমি রাতের কাছে মাথা নত করে থাকি
          আলো আলো দিন গ্রহণ করব বলে
আর কেউ শিশুর হৃৎপিণ্ডে মাটি ভরে দিয়ে
                 ট্রিগারে চুম্বন করে

এই মুখোশজনিত খেলা-খেলা ভাব
          যার পেছনে লুকিয়ে রয়েছে শীর্ণ জেহাদ
কোথা থেকে আসে আর কোথায় বিলুপ্ত হয়
সে-সব ভাবার আগেই
          বন্দুকের নল উঁচু হয়ে ধাক্কা মারে ধর্মকরোটিতে

আমাদের চোখ পক্ষাঘাতে বিলুপ্তপ্রায়
সব কিছু দেখে আর অন্যের রক্তমাখা
মোমবাতি হাতে উঠে দাঁড়ায় ধোঁয়ার আড়ালে
দূর থেকে লক্ষ করে ঠিক ক-টা
জলপাই উর্দি ফুঁটো হয়ে গলে যাচ্ছে নরম হাওয়া

ক-টা জুতো আলাদা হয়ে গেছে একে অন্যের থেকে
ক-জন পতাকা চড়িয়ে সফল হত্যাকারীরূপে উদীয়মান

দেখতে দেখতে পুড়ে যায় পিঠের অর্ধেক জমি
বাকি অর্ধেকে ঢেলে দিই ফরাসি সুগন্ধ
ধীরে ধীরে ফুটে ওঠে একটাই মানচিত্র রেখা
একটাই সুতো দিয়ে গেঁথে দিই বিন্দু বিন্দু নোনা জল
বুকের বামদিকে হাত রাখি... সংবেদ রাখি...
ধারালো চাপাতি আমাকে ব্যঙ্গ করে
        যুবক কার্তুজ দখল করতে চায় ঘ্রাণ
আমি কর্তব্যদোষে তাদের হাতে তুলে দিই
        একটি-দুটি সাদা পালকের কথা

অপেক্ষা করতে থাকি কবে
চাপাতি বদলে যাবে কাব্যসমগ্ররূপে
কবে কার্তুজ থেকে বেরিয়ে আসবে পাখিদের ডাক

অপেক্ষা করতে থাকি আর
রাষ্ট্রের ছবির সামনে জমা হতে থাকে
ঘুমন্ত নগরী থেকে ছিঁড়ে আনা লক্ষ লক্ষ মৃত ফুলের দেহ

শেষোক্ত কার্নিভালে যেদিন দাঁড়িয়েছি

নিচু রাস্তা চলে গেছে খাদের ওপারে,
তারই পাশে আমি গন্ধগোকুল সেজে ছর্‌রা মারি
কৃষ্ণকামিনীর ডালে-ডালে।
তপ্ত পাঁপড়িতে ঝরে পড়ে লোমশ আঘাতের কুচোরাশি,
টানা গলির শেষে নিভে যায় দোকানের বসন্তবৌরি আলো
লোকজন বুঝে নেয় অনুধাবন করা কত দুরূহ ও জটিল।

আজ কেন পাতার ঝুমকো পরনি তুমি
ডুমুর ফলের চেন?
ভারি দেহে নখের আঘাত আরো গভীর হয়ে আসে–
নতমুখে ক্ষতমুখে চেটে নিই শুকনো বিষফল।

এ-বীজ সে-বীজ ও-বীজ ঘুরে আমি মোহান্ধ
ফুলেল শিকারি
নিজেকে পুঁতে নিই হারানো অঙ্গের পাশে

আমার আকাঙ্ক্ষা থেকে টস্‌টসে মোম গলে পড়ে
তোমার কার্নিভালে আপোসহীন ছুটি পড়তেই থাকে...
পড়তেই থাকে...

না-লেখা ফার্মহাউস

১.

ফলবতী মেঘের নিশ্বাস এলো, হে সুবর্ণরেখা। বহুদিন আসিনি অন্যের কিয়দংশ হতে। তবু আজ এত কাছ থেকে পরখ করার সুযোগ পেয়ে বাড়িয়ে দিলে না ত্রাণ। পেয়ারাবাগান দেখে ভেবেছি লীলাক্ষেত্র, তোমার বুক নয়। এ আমার পাপবোধ, এ আমার মরে যাওয়া ক্ষুধা। বুকের ভেতর ঢুকে যাওয়া লাল রাস্তা গর্জন করে। বারান্দা চুইয়ে পড়ে প্যাঁচার অন্ধত্ব। আমি শুয়ে পড়েছি উইয়ের কোটরে। একটি নিরামিষ কালসাপ এসে ঘিরে ধরছে কলম। তোমাকে লেখার কথা খেয়ে নিচ্ছে, আর ঘাম দিয়ে উড়ে যাচ্ছে সাদা চিঠির ব্যর্থতা, কুৎসিত শিরোনাম।

২.

পেতল রঙের ঘাস ছড়িয়ে ছিটিয়ে বিস্তার লাভ করেছে অনেক দূর। বিপত্তারণ ডুরি হাতে কর্মসূত্রে এসেছে মাত্র চারটি ছায়ামানব। তারাই চামড়া, তারাই আদিবাসী ডুগডুগি। বাজছে এবং বাজাচ্ছে সব কাজুবাদাম গাছের হৃৎপিণ্ড। আমি লক্ষ করি কোন তরঙ্গে ভাসছে লোকালয়-বর্জিত এই মালভূমি। তিনটি কোণ থেকে ছুটে আসছে ভয়ের উত্তাপ, পড়শি রাজ্যের ভাষা। শুধু একটি কোণ স্তব্ধ হয়ে আছে তোমার পোষা বেড়ালের অসুখ নিয়ে।

সীমানার অন্তিম প্রদেশ থেকে যা কিছু লিখিনি তার সিকিভাগও দাবি করে একবার পাঠাও তোমার সনদ। টিলার শীর্ষে গেঁথে রেখে যাব আধখানা চিঠির শাস্তি... কারাবাস।

৩.

শঙ্খের ভেতর থেকে বেরিয়ে আসছি আমরা যেন টিনের পুতুল। ধাক্কাপ্রপাত চুরি করে নিয়েছে কলমচির স্থূল কল্পনা। এই বর্ণনা কীভাবে ঢেলে দেব তোমার গ্রামের রাস্তায়? ঝিরিঝিরি কাঁদছে তপোবন। পেছনে লঘু শব্দে বন্ধ হয়ে যাচ্ছে তিন-বিঘা পায়ের চিহ্ন। আমরা ফিরছি পুরাকাল পেরিয়ে। জানি পুরানো অভ্যেসবশে তুমি অভিমান। হাতপাখা নামিয়ে রেখেছো সুনজরটির পাশে। জানি চাইছ ফিরতি পথে একবার নদী নেমে আসুক দৈব অনুভূতির মোড়ে। এই পুষ্ট চাওয়াগুলি বাঁচিয়ে রেখেছে চারাগাছ... গাভীর সন্তান।
আমার তাবৎ একবেলা মহরত শেষ করে আশ্রয় নিয়েছে মায়ের টিপে। না-লেখা ফার্মহাউসে রয়ে গিয়েছে তোমার দেহহীন মাংসের জয়োৎসব, শোলার পাতা। রয়ে গিয়েছে দড়ির খাটিয়ায় শুয়ে-থাকা আমার অনিচ্ছুক ছায়া।

পাখি অথবা পুরুষগন্ধ

কোথাও আলোর নিচে ঘুম ভেঙে শুয়ে আছে পাখি
বৈশাখ ভেবে তাকে দু-হাতে উষ্ণ করে রাখি

কোথাও গাছের নিচে হাত পেতে বসে আছে ঋণী
সেও তো আমার ছায়া, সে আমার মৃত শঙ্খিনী

শরীরে আসন্ন বিষ, গলা বেয়ে উঠে আসে ধুলো
তাকে কী যত্ন দেবো? সে আমার রক্তহীন তুলো

অনেক শুষেছে তবু ব্যথার গোপন নিয়ে বাঁচে
সে আমার কাটাদাগ গভীরের আনাচে-কানাচে

দহনের কাল এলে হাতেই শুকিয়ে যায় মাটি
ভেজা চুল গামছায় জড়াবে রূপের প্রতিমাটি

উনুনে কয়লা দেবে, শত্রুর মুখে দেবে ছাই
আবারও জাগাব বলে স্মৃতিকে আগুনে ঝলসাই

কিছুই জাগে না শুধু যৌনমুখী কবিতারা পোড়ে
আকাশে পাখিরা নেই, সার-সার পুরুষাঙ্গ ওড়ে

আমার একলা খুঁটি দু-হাতে সজোরে চেপে থাকি
উড়তে না দাও যদি কী করে বাঁচবে বলো পাখি?

বিবাহপ্রস্তাব

১.

তোমাকে বিবাহপ্রস্তাব ডাকি
আর, অন্ধকারে বেজে ওঠে সানাইমহল

আমি ঘুম ভেঙে দেখি ভিয়েন বসেছে
                          দগ্ধ নীল রোদে
ঘিয়ের লুচি ও রসে ভেজা বোঁদে
                          চলে যাচ্ছে কুটুম সমাজে

এ আসলে আহার্য নয়, ইঙ্গিতমাত্র

বছরশেষে কতটুকু পড়ে থাকবে পাতে ও ভাঁড়ারে

২.

সে কোনো হলুদাভ গান
শরীরে এসেছে উঠে মায়াবাক্য নিয়ে

আমাকে তরল করো
    এই হাড়, এই মোমবাতি তরল করো
যেটুকু আগুনলেখা গড়িয়ে আসবে
                          উচাটন থেকে
    তার কিয়দংশ আমার

২৩

বাকিটুকু বরণপাতায় মুড়ে
                তোমাকে পাঠাই

৩.
এই লগ্নযোগ আজ আমার নয়
                গায়ত্রী ছন্দের

হোমের ছোঁয়াচ লেগে জেগে উঠছে ঋষি
ও কুমার টোপর... ও কুমারী মুকুট
                গিঁট বাঁধো
দেখো, দ্রুত বিনোদনে ভরে যাচ্ছে শহরতলি

সাজানো রথের নিচে পড়ে আছে মকরন্দফুল

এ ফুল আমাদের নয়
                আলেয়া নগরীর

রাক্ষসকুলের পাখি

রাক্ষসকুলের পাখি, তোমাকে প্রণাম

এসেছ এই শীতে জলরাগ টপকে আমাদের আস্তাবলে
দ্যাখো, ঘোড়াগুলি কবে থেকে দাঁড়িয়ে রয়েছে ঘুমের ভাবনায়
ছোলাসেদ্ধ, নুন, দানাপানি– উল্লেখিত নয়
সহিসেরও তবিয়ত খারাপ মরশুমপ্রণালী মেনে
কাশিতে বরফ, রক্তে উপদ্রুত অঞ্চলের হাওয়া

রাক্ষসকুলের পাখি, তোমাকে লিখতে গিয়ে কড়া হাতে
লাগাম পরিয়ে দিই বাজারে ও খিদেয়

দুটি পা চিরে দেবতার মতো স্থাপন করি
                        পরম শান্তি, গৃহবিবাদ

উন্মাদ সুরসমবায় ১

সুর এক মধ্যপদলোপী হাওয়া
             গান তার অনিবার্য সহচর
হাতের মধ্যমা কেটে বসেছে ব্রহ্মরাগে

বাজায় বালকপ্রাণ দুষ্ট বাঁশির ফুঁ-এ
সে এক ভাঙা-ভাঙা স্বর
             দাহ্য মনে হয়
এ-কথা পুরাণ জানে কীভাবে ছড়ায়
             যত লয়কারী তান

কীভাবে কোমল হয় বিষাদচরিত
             শুদ্ধ হয় ক্ষমা

আত্মরতির পাশে গাঢ় হয়ে আসে
             সুরের নিহত তর্জমা

উন্মাদ সুরসমবায় ২

লিখেছি ইমন, লিখেছি উন্মাদ সুরসমবায়

প্রিল্যুড ধারণকারী হারমোনিয়াম আমাকে বিকোয়
                            তাজা ফকিরের কাছে
লিখি তার যন্ত্রবোধ
            মন্ত্রপূত রেওয়াজের কুশলবিন্যাস

লিখি সাদা-কালো আঙুল
            আঙুলে লেগে থাকা অভাব তাড়না

লিখি ট্রেন
ট্রেনের গর্ভ থেকে উঠে আসা বেলো করা হাত
                            সুরের অক্ষত যোনি

স্তনের ছায়ার নিচে আমাকে পালন করে স্নেহে
                    ঘরপোড়া ফকির রমণী

উদ্ধত হও মফস্বল, উদ্ধত হও

এই তো মহানগরের ধুলো উড়ছে বাতাসে
আহা কত বই, আহা কত বন্ধুপ্রচার
সাদাটে পেলব কাঁধে হাত রেখে
কে শিকার করে নিয়ে গেছে গোছানো মলাট
কে কাকে করেছে স্বীকার
কার হাত আহত হয়েছে অটোগ্রাফের ঠেলায়
তিনদিনে ফুরিয়েছে কতশত ফার্স্ট এডিশন
সেইসব নিয়ে থুয়ে, স্টেটাসে ভরে ওঠে মুখ ও শরীর

আমরা মফস্বল দূর থেকে দেখি আর বমি করি অক্ষরসোঁতা
সেলিব্রিটির লোভ এড়াতে না পেরে সেলফিমগ্ন হই
মিথ্যে হাসির ঘ্রাণ ভরে নিয়ে ব্যাগে
ঘরে ফিরে বলি, 'জানিস আজ অমুকের সাথে দেখা হয়েছিল'

উদ্ধত হও মফস্বল, উদ্ধত হও

বৃত্ত ভাঙো, ভাঙো এক সাজানো মিথের স্ক্রিপ্ট
ছবি নয়, ছবি নয়
পরিচিত হয়ে ওঠো শব্দযাপনে

উদ্ধত হও মফস্বল, উদ্ধত হও

বলো, একদিন সব আলো টেনে নিয়ে
ঘেঁটি ধরে শেখাব কবিতা

চোর

একজন চোর ধরা পড়লে সাধারণ মানুষ বলে
'অনেক নুন খেয়েছিস, এবার চড় খা'

চোরের কান্না পায়
রেগে ছুড়ে দিয়ে আসা ভাতের থালার কথা মনে পড়ে

হুইসল বাজিয়ে সময়সারণীর পুলিশ আসে
চোরকে ধ্যানস্থ করে গাড়ি ছুটে যায়
তপোবনের দিকে

দূরে একবার বেগম আখতার গেয়ে ওঠেন
'জোছনা করেছে আড়ি'

আবার সব চুপ

কানের কাছে শচীনকর্তা গুনগুন করে
'বাঁশি শুনে আর কাজ নাই, ও যে ডাকাতিয়া বাঁশি'

আমার সর্বাঙ্গ জুড়ে খুব খিদে পায় কর্তা
আমি গুঁড়ো দুধ চুরি করি মায়ের আলমারি থেকে
বাবার বুকর‍্যাক থেকে চুরি করি নিষিদ্ধ যত বই
পুকুরপাড় থেকে নারীদের স্নানদৃশ্যও চুরি করি

সামান্য নুন ও চড়ের আশায়, কর্তা
আমি ক্রমশ লোভনীয় চোর হয়ে উঠি

এ জীবন ক্রিকেট-লিখিত

১.

যে বল শূন্যে উঠেছে তার
                 গ্রহটান নিচে পড়ে আছে

চর্যাপদের মতো মাঠ, মাটিতে লুটোয়
                 ঘাস যেন পরিণত ভ্রূণের মাথাটি
                 তাকে নিয়ে খেলা করে এগারোটি বসন্তপ্রহরী

একজন শুধু তার চোখটুকু পাঠিয়েছে কৃষ্ণছায়ার কাছে
                 দুটি হাত জড়ো করা বুকের উঠোনে

কখন নামবে স্মৃতি, চাঁদগন্ধ, ব্ল্যাকহোল, মৃতপ্রায় তারা
                 গ্রহের নাভির মাঝে বসে বালকের সলাজ পাহারা

২.

একটি ছোরার চুমু উপড়েছে তিনটি পাঁজর
ভয়ের আলো জ্বলে প্রতিবিম্বে, আলো খায়
                 বিরোধী দলের যুবনায়ক

আঙুল উঠেছে নেশা ভরে
                 আঙুলে উঠেছে বিষ, ধূর্ত উল্লাস
                 বাজায় স্যুইংধারী, ডমরু বাজায়

ফিরছে শাসক তার ঠোঁটদুটি নিচু
শরীর বিষের ঘ্রাণে ভারি

দেখতে পাচ্ছি তার পুড়ে যাওয়া হাতে
ঝুলে আছে অভিশাপ
মৌন জলের তরবারি

৩.

এটুকু বাইশ হাত মাটি– ঈশ্বরপ্রেরিত
ধান ও দুব্বো ছেঁচে বানানো হয়েছে কারাগার

স্পিনারজাতির আজ তূণ থেকে বেরোবে অস্ত্রসম্ভার
বিদ্যুৎ ছুটবে ফাটলে ফাটলে
তর্জনীর হাওয়া নিয়ে যাবে ফ্লোটারসমূহ
অফের কোণার দিকে আলো পড়ে ধাঁধাবে প্রিজমলীলা

আজ শুধু ঘুরন্ত চক্রের দিন
ইনিংস রক্ষাকারীদের মাথা কেটে
হাওয়াতে ভাসানোর দিন

তারই মধ্যে কেউ হৃদয় বন্ধক রেখে ছড়াচ্ছে রানের খই
মাটি থেকে উঠে আসছে ভারতবর্ষের খিদে

উঠে আসছে ত্রাণশিবির– নরহাস্য– প্যাভেলিয়ানজাত ভয়

সময় ও স্বভাবদোষে মাটিতে আগুন লাগে
আত্মগুণে মাটিকেই শান্ত হতে হয়

পাহাড়িপ্রদেশ থেকে লেখা

সন্ধে নেমে আসে গাছেরা বেড়ে ওঠে একলা একা একা কুয়াশা নির্ভর
আমি কি তেমনই হাঁটার অভিমুখে ছড়াই পথে পথে মিহিন শ্বেতকাচ?
যাতে না আর কেউ যাবজ্জীবনে উল্টে দিতে পারে পলকা নৌযান
আমি তো তেমনই সান্ধ্য অভিযান সামলে রেখেছি রক্ষী ভূমিকায়

দীর্ঘ অবয়ব ক্রমশ ছোট হয় চাঁদের গতি বাড়ে অসম্ভব
শস্য ছেয়ে যায় গ্রামীন সমাজে এখনো এইসব আশীর্বাদ
পাহাড় উৎসব দেবতা বসে থাকে সঙ্গী বলতে দু-খানি বাঘ
পর্যটক আমি ছুঁইনি ঝর্ণা প্রণাম করেছি দণ্ডবৎ

পাথরে জল আসে ভীষণ তেষ্টায় ক্ষুধাও সাথে সাথে নিরন্তর
এই তো রোজগার বন্ধ সিজনে বাতাসে মিশে যায় হা-হুতাশ
কাঠের ঘোড়া কিনে ভেবেছি যুবরাজ এবার নিশ্চিত ভাগ্যোদয়
খেয়াল করিনি পাথুরে চোখে মুখে প্রথম বউনির জলোচ্ছ্বাস

আমরা ভেবেছি স্টেশন বহুদুর আলোর থেকে আগে যাবই না
কোথাও তাড়া নেই ধোঁয়াটে লোক কিছু পূর্বরাগ থেকে অপেক্ষায়
ঘোষণা শুরু হয় গাড়িটি আসছে সময় আসলে চক্রাকার
সন্ধে নেমে আসা পাহাড়িপ্রদেশে স্মৃতির অনুলেখা আমার দায়

বিদ্যুৎপৃষ্ঠ পুরুষ

১.
মেঘে আজ দু-চারটি পাখি বসেছে

হে আমার উদাসীন, হে আমার
পড়ন্ত রোদের বাঁক
চেয়ে থাকো বিস্তারিত ফুলের বাগানে

নিভৃতির মাঝে ঠিক কতদূর ডুবে থাকা যায়
স্থিতপ্রজ্ঞ মানুষই তা জানে

২.
আজকে আলোর রং কাজলের মতো
সেইটুকু টেনে নেওয়া আঙুলের দায়

জন্মদ্বার হাট করে খুলে যায়
পুনরায় ঢুকে যাই গর্ভকেশরে

এর বেশি আমি আর কতটুকু পারি !

তোমাকে বিচ্ছেদে কামনা করি, নারী

৩.
'তোমার চোখে বিদ্যুৎ ঝলক'— এ লাইন
লিখব না
খুব ক্লিশে, পুরোনো তোরঙ্গের গন্ধ আসে

তার চেয়ে লিখি বিদ্যুৎপৃষ্ঠ পুরুষটির কথা
যার মনে প্রেমিকের সন্দেহবাণ, পিতার আকুতি

যে তোমাকে লালন করেছে স্নেহে রক্তঘাম লিখে
তাকে দাও ঘুমের অতল

সে পুরুষ জেগে উঠবে নির্বাণকালে...
বাকিটুকু

জল, শুধু জল

৪.
বিরহকাহিনি লিখি ভূর্জপত্রে
তারপর ভাসাই হাওয়ায়

হাওয়া তাকে গ্রাস করে
ধুলো তাকে গ্রাস করে

আমি শুধু ম্লান মুখে দেখি
নিবিড় সে জ্বলে যাওয়া

আগুনটি শান্ত থাকে, স্থির

আর কোনো ক্ষয় নেই আমার প্রকৃতির

খাঁচায় লিখিত অরূপকথা

ব্রাহ্ম মুহূর্ত এসে জাগিয়েছে পাখির বাহার
এত শান্তি স্বস্ত্যয়নে আকাশও নিমেষে বালক হয়ে যায়
মুখ দিয়ে ফুৎকারে ওড়ায় পালকের ওম
মাউথ অর্গানে নামিয়ে আনে নিষিদ্ধ পতাকা
যেন ঈশ্বরপ্রেরিত কোনো সদাহাস্য কাহিনিতে
ঢেকে আছে গাছেদের মহার্ঘভাতা
নিরাপদে ফুটে ওঠে সূর্যাস্ত ঠোঁট

আর

ক্ষমা ও ঘেন্নার মাঝে ভাঙা হাইফেন হয়ে দুলছে খাঁচা—
আজ তিনদিন হল পাখিওয়ালা নরকে গেছে অর্থের খোঁজে

শুধু এই ব্রাহ্ম মুহূর্ত জানে শূন্য হাতে ফিরে এসে কবে
দস্তার খাঁচা খুলে সে উড়িয়ে দেবে বর্ণান্ধ রূপসী বউ

চাঁদ ভেঙে পড়বে চিরহরিৎ বনে

সিনেমাজনিত অসুখ লেখা

প্রস্তরযুগ পেরিয়ে কোনো সিনেমা হলের ভেতর ঢুকলে দেখা যাবে
ভারতীয় পোষাকে বসে আছেন মেরিলিন মনরো

পর্দায় চলছে স্ট্যালনের রোম্যান্টিক দৃশ্যের নাচ,
সাথে পিট সিগারের মূর্চ্ছনা।
রজার মুর একটি বাঁশি হাতে এগোচ্ছেন জঙ্গলের দিকে,
পিছনে স্লোভাকিয়ার অভুক্ত বাচ্চারা।

আচমকাই বৃষ্টি নেমে এলো মেরিলিন মনরোর অলৌকিক তিল থেকে।
এত সাদা-কালো বৃষ্টি আগে কখনো দেখেনি প্রৌঢ় রিলঘর,
এত কাঁপা কাঁপা বাষ্প দেখেনি।

ক্যামেরা জুম করতে থাকে
নাইজেরিয়ার শকুন
ইতালির বাইসাইকেল
ডিলানের বাক্যরহিত ভাবনায়
পৃথিবী স্থির হয়ে যায় একটি পাথুরে ট্রাইপডের ওপর

অথচ তখনো বৃষ্টি পড়ছে ছিয়াত্তরের কলকাতায়...
নিশ্চিন্দিপুর স্টেশনে থ্রু-ট্রেনের ঘোষণা ভেসে এলো

ভারতীয় ক্রিপ্টে ভেসে উঠল—
শুটিংয়ের ফাঁকে
পুরুলিয়ার এক প্রত্যন্ত গ্রামে ছাতা মাথায়
চা খাচ্ছেন নির্বাক দাদাসাহেব, হরিশচন্দ্র ও চ্যাপলিন

মুকুট

ভুলের গম্ভীর আড়াল থেকে পাতা ভাঙার শব্দ এসে
                                    পৌঁছোয় ঘরে
এ এক নির্বোধ আত্মদর্শন ছাড়া কিছুই নয়

আমি ভাবি রাতের প্রুফ দেখা শেষ হলে
    চশমার খাপ থেকে হাত পা নেড়ে বেরিয়ে আসবে
                                    কোনো দৈবদৃষ্টি
শুকনো বোতল ছেড়ে উঠে দাঁড়াবে জলদেবতার সোমত্ত কন্যা
হাওয়ার গুপ্ত কোটর থেকে শনশন করবে
    গান শেখাতে চাওয়া জর্জ বিশ্বাসের বাদশাহি ছায়া

এসব ভাবনার মায়া কল্পকাহিনিতে ধরে না
    মাথা ফুঁড়ে বেরিয়ে আসে মৃত মৌমাছির কর্মজীবনী
কলম হারিয়ে যায় বেড়ে ওঠা ওষুধের কোণে

হারানো অনেক দামি মূর্খ অলংকরণের চেয়ে
    এটুকু তো মনে হবে, ব্যর্থ পাণ্ডুলিপি মুখে করে
                        নিয়ে যাবে দেশলাই
একরাশ পিঁপড়ের মাঝখানে দাঁড়িয়ে অলৌকিক কম্পোজিটার
    বলে উঠবে ঠিক কতগুলো চন্দ্রবিন্দু বাদ গেলে
                        মুখের সামনে দিয়ে উড়ে যাবে মাছি

ঠিক কতটা পাতার গভীরে গেলে নিজেকে মনে হবে
    অভিযুক্ত গাছ আর রাতের দত্তক নেওয়া ছেলে
যেখানে ভাঙার শব্দ নেই শুধু এক রত্নহীন মুকুট খেলা করে

চতুষ্পদ

জ্বর.

অবশেষে জ্বর এলো পরিযায়ী পাখির মতো। শরীরহ্রদ জুড়ে ঢেউ আর ঢেউ। যেন কতদিন অপেক্ষা করেছিল এই মুহূর্তের জন্য। যেন বন্দি হতে চাওয়া এক অর্ধচাঁদ। ডানা থেকে ঝরে পড়ল বরফের কাহিনি। সে এক কম্পমান পৃথিবীর অনুভব। সময় কাঁপছে, রাত কাঁপছে, আর আমার হাত ছেড়ে পালাতে চাইছে ওষুধের নামগন্ধ। এই গন্ধ, এই নাম আমি তো চাইনি। তবু ভালোবেসে পাখির নাম দিলাম নন্দিনী। সে আমাকে দূর থেকে ছুড়ে দ্যায় দু-মুঠো চুম্বনের অন্ন। আমি গ্রাস ভেবে তুলে নিয়ে দেখি এ তো আসলে মৃতসঞ্জীবনী। হ্যাঁ, জন্মগতভাবে আমরা তো ঠিক ততদিন মৃত যতদিন না ভালোবেসে পাখির নাম দিই। যতদিন না স্পর্শ করতে পারি মোমপালক, চাদরের নীচে বেড়ে ওঠে গুঞ্জরীমালা।

পাতা.

এরপর লেখায় ভেসে বেড়াবে পাতা। পাতার উপর লেখা হবে সব অধর্মের কথা। কেন এবং কীভাবে সে ঢুকে পড়ল গৃহস্থ বাড়ির কলহে সেই নিয়ে কথা বলবে প্রতিবেশী। কিন্তু কে কার প্রতিবেশী এই নিয়ে আর কোনো বাক্য বিনিময় হবে না ভিনসেন্টের সাথে। ভিনসেন্ট কোনো শিল্পী নয়। সে সমুদ্র তীরবর্তী কোনো মৎসজীবির চিত্র আঁকেনি। সে একজন বেড়াল। দুধ সংক্রান্ত যাবতীয় প্রশ্নের উত্তর নিয়ে দাঁড়িয়ে থাকে সূর্যমুখী খেতের ধারে। দূরে শুধুমাত্র স্তনবৃন্তের অভাবে মারা যাচ্ছে পিঁপড়ের সন্তান। ছোটোবেলায় দ্রুত সাঁতার শেখার লোভে জ্যান্ত পিঁপড়ে খেয়েছে যারা,

বড়ো হয়ে তারা সাঁতার নয়, কামড়টা শিখেছে। সেই কামড়ের ওপর সবসময় এসে পড়ে লাল ওষুধের মতো তরল আলো। সূর্য ডুবে যায়। জেগে থাকে আরো লিখতে চাওয়া পাতা।

মৈথুন.

কান্নাও তো একপ্রকার মৈথুন। খালি হস্ত দ্বারা প্রচারিত নয়। তাকে নিয়ন্ত্রণ করে কিছু মনখারাপের ধুলো, আনন্দিত হাততালি। এই মৈথুনের কোনো প্রকৃত সময় নেই। আগমনের হেতুও সবসময় জানা থাকে না। তবু তাকে কামনা করে নারী। এই যে লিঙ্গভেদ করলাম, কান্নাকে বসিয়ে দিলাম নারীর গোত্রে, শুধুমাত্র এই কারণেই আমাকে বিদ্ধ করুন মহাশয়। জলকে চেনার জন্য অনেক দূর গিয়েছে পুরুষকুল। হস্তে ধারণ করবে বলে বারবার শুনেছে কিশোরের দর্দ ভরি আওয়াজ। কিন্তু একটু আগে যে বললাম কান্না হস্ত দ্বারা প্রচারিত নয়! তাহলে বলা যায়, কান্না হস্ত দ্বারা প্রভাবিত। অপেক্ষা থেকে যায়, কবে এগিয়ে আসবে সেই করতল যাকে শুষে নেবে চোখ। সে কী তীব্র সুখ! আঃ অর্গাজম, এসো।

আলো.

ঢোক গিললেও একটা আলো জ্বলে ওঠে জানি। সে আলোর রং আমরা কেউ চিনি না। শুধু জানি আলো ছড়িয়ে যায় পাথর হয়ে থাকা বিষাদের ওপর। তারপর ভেঙে যায়। টুকরো টুকরো হয়ে গান ধরে। যে কুড়িয়ে পায় এই ভিখারী আলোর কথা সেও ক্রমশ আলো হয়ে যায়। আমাদের অন্ধকার দিকে মন্ত্রপাঠ হয় জলদগম্ভীর স্বরে। প্রতিটি অণুপলে আলোকে আহ্বান করে যজ্ঞ হয়। তবুও আমরা কেউ ধার্মিক হতে পারিনি। কেবল বকরূপ ধারণ করে চ্যাটালো থালায় খাদ্য সুরক্ষার চেষ্টা করে গেছি। ক্ষমা শব্দটি পেতে চেয়ে অনেক দূর নত হয়েছি। কিন্তু যতটা নেমেছে মাথা ততটাও নামেনি আত্মবিশ্লেষণ। একটি ভেঙে যাওয়া আলোর টুকরো আমাকে শুশ্রূষা দিতে পারে। একটি ভেঙে যাওয়া আলোর টুকরো আমাকে অক্ষমতার কাছে নম্র হতে শেখায়।

শ্রাবণ ফিউশন

যে কোনো শ্রাবণ ফিউশনে বেজে ওঠে বর্ষাতড়িৎ

ওগো রেখাময়। এই যে ভেসে থাকা জল হারায় চোখের অন্তরীক্ষে
                              তার কোনো ভিজে যাওয়া নেই
শুধু গুঁড়ো গুঁড়ো বৃক্ষের দেহকে সাজায়

আমি দেখি পাখিদের রেনকোটে লেগে আছে প্রাক-বর্ষার আলো
        পাতায় পাতায় গুনগুন করে ওঠে আবহাওয়া সঙ্গীত

দ্বীপপুঞ্জ পেরনো যে কোনো মরশুমী হাওয়াকে আমি
                    প্রেমিকা বলে সন্দেহ করি

কাষ্ঠল

দেখি বাষ্প, দেখি সস্তায় পাওয়া বিভূতি আজ জ্বলজ্বল করে কাঠের শরীরে
অন্য প্রদেশ থেকে এসেছে কারিগর, নকল দেবতা
স্বদেশী হাতুড়ি-ছেনি, ঠুকে ঠুকে বানায় রসদ
বানায় উল্লাস, ক্ষোভ, অনুভূতিরাশি, লোকে ভাবে আসন্নপ্রসব

দেখি একক, দেখি হাওয়ার শরীরে আজ বিঁধেছে পেরেক
ব্যথাকে শোষণ করে বড়ো হয়ে উঠছে কাঠের পোকারা
দেখি ক্রমশ ফুরিয়ে আসছে জঙ্গল পারাপার

চেরাই কলের ভেতর আজ কারা বসেছে দৈব আড্ডায় ?
স্মৃতিকে বার্নিশ করে ছেড়ে দিল, বৃক্ষের নাম দিল সহজমৃত্যু ?

আমাকে মেনে নাও, হে কুশীলব
মেনে নাও, আগত চাঁদের দিনে করাতের দাঁতে সাদা রক্ত লেগে থাকবে
আর না হলে, চোরাশিকারীদের দলে ভিড়ে আমাকে সমাজচ্যুত করো

ভয়ে নয়, শুধুমাত্র আগুনের লোভে
কৃষ্ণ রমণীদের মাথায় আমি মজুরির লভ্যাংশ হয়ে বসি

লোকে ভাবে কাঠের মুকুট

সংসারমৃত্তিকাজাত

১.
এই দিন নিবন্ধীকরণের সমান
দু-হাত পেতেছ শুধু শূন্য রেখা দুই হাতে
বলেছ দরকারি অহংয়ের কথা

বাজারে শস্যভীতি, তুলে আনি অল্পমাত্র আটাবীজ
সংসারমৃত্তিকাতে ছড়াও সুগন্ধী জ্যোৎস্নার মতো
আজ রাতে ফুটে উঠবে ডাল, ফুটে উঠবে ত্রস্ত রুটিফল

এমন প্রহরে কার পরকীয়া, ক্ষুধামান্দ্য থাকে
আমাকে উচ্ছিষ্ট করো দেবীময় রাতের পোশাকে

২.
হে বাগান, ছাদের বাগান
          ধরা পড়ো আয়নামুখর হয়ে

টবে টবে দুলে ওঠে পাখিবাহার
                    রহস্যগন্ধা ফুল
               নার্শারি খালি হয়ে যায়

তুমি প্রত্যহ জল... প্রত্যহ স্নেহ...
    চোখ দিয়ে আড়াল করো রোদপ্রবণতা
            থোকা থোকা সমৃদ্ধি ফোটে

তোমার গর্ভের ভেতর আমাদের ছোটো চারাগাছ
একটু একটু করে বড়ো হয়ে ওঠে

৩.
তারকাখচিত শাড়ি গুছিয়ে রেখেছো গোপন কোটরে

তার থেকে আলো আসে, কলমকারি আলো
ছোটো ঘর, মৃদু ঘর ভরে যায় বাসনাক্ষুধায়
দেহকে বৃক্ষ করো, জল টানো
টেনে নাও স্নানমধ্যে তোয়ালেকাঞ্চন

চুল থেকে ফোঁটা ফোঁটা ছায়াবৃত্ত ঝরে

আমি শিখি জ্যোতির্বিদ্যা, তুমি শুধু দৃষ্টিটুকু বোঝো
খসে যাওয়া তারকাবলয়ে
শাড়িগুলি এখনো দেহজ

৪.
ভোরের শয্যানগরে প্রতিটি স্পর্শ আমি
শাঁখা পরা হাত ভেবে ভুল করি
ক্রমশ আত্মা ছুঁয়ে সে স্পর্শ জখম পেরোয়

যা কিছু টুকিটাকি করতলে জ্বলজ্বল করে
কোথায় লেগেছে দাগ, অফিসের জলটুকু পরিশুদ্ধ কিনা
রন্ধনগীতিতে আজ ক-প্রকার পদ পাওয়া যাবে
কাঁটা মাছ খুঁড়ে খুঁড়ে শাঁসখানি বের করে আনা
অল্প বকুনি যেন মুখের শুদ্ধি হয়ে রোচে

যে কোনো অতল থেকে শুনতে পাই মোহস্বর

৪৩

অতীন্দ্রিয় গলা
আমার প্রতিটি ভোর চুম্বনপিয়াসী
দুই হাতে রক্তমুখী পলা

৫.
শিল্পসম্মতভাবে তোমাকে গ্রহণ করে রন্ধনগৃহ
পোশাকি আগুন জ্বলে দেহে ও মাথায়

তোলা হাঁড়ি, টগবগ করে ওঠে শব্দঅন্ন
মাছের ভেতর পড়ে পরিমাণ মতো অলঙ্কারবাটা
মাখা আলুর ওপর স্বর্ণরেণুর মতো ছড়াও রূপকের গুঁড়ো
চিত্রকল্পের ছায়া দিয়ে সাঁতলে নাও ডাল

এবার দক্ষ ছান্দসিকের মতো সাজাও কাগজের থালায়

লোভনীয় কবিতার ঘ্রাণে 'ম-ম' করে ওঠে বাড়ি
এসব পদের স্বাদ শুধুমাত্র আমি
আত্মা দিয়ে শুষে নিতে পারি

৬.
স্তুতি করি তোমার ফেলে যাওয়া ছায়াটুকু ঘিরে
আগুন জ্বালি আর সেগুন গাছের বনে বেজে ওঠে
বিরহকণারা

শরীর অন্যখানে, তবু তার খনক শুনছি যেন
রাতের রবাবে
শুদ্ধতম স্বরের নিচে শুয়ে
শুনতে পাচ্ছি পাতাদের জন্মধ্বনি
এই ক-টা দিন শুধু পাখিরা মাতাল আর
পোকারা ফলাহারে থাকে

তোমার জন্মভিটের দিকে চেয়ে
একটি কবিতা আমি ছুড়ে দিই ইটের গাদায়
ছায়াখানি নড়েচড়ে ওঠে

ব্যর্থ ডুবুরির মতো সেই ছায়াটিকে আলিঙ্গন করি
অপেক্ষার কাছে ঠিক চারদিন থেকে যাই ঋণী
তোমার ফেরার পথে ছোটো ছোটো পুস্তিকারা ওড়ে
তাদের একত্রে আমি পাখিদের গ্রন্থ নামে চিনি

ক্ষুধা

আমাকে তো লিখতেই হবে সেই অপূর্ণ সন্ধ্যাটির কথা
যার গা থেকে গড়িয়ে পড়েছিল পথ চেনানোর গয়না
চন্দ্রাহত পাখি এক এসে বসেছিল ভাঙা রথের চূড়ায়
পতাকা অবনত
সারথীও নিরুদ্দেশ সেই দ্বাপরযুগ থেকে
চাকা খুলে নিয়ে গেছে কুঁদুলে নারীর দল

এইসব লিখনরাশির ফাঁকে
শুধু এক জন্মবুভুক্ষু লোক আভূমি শুয়ে আছে
                শুকনো পংক্তির মাঝে
ধুতুরা ফলের ভারে নত হয়ে আছে গাছ
ভাবছে, একদিন ঠিক সন্ধ্যার আধখানা আলোয়
পথ চেনানোর জন্য নিশ্চুপ গয়নার বদলে
চর্চাহীন জ্যোৎস্নার মতো ছড়িয়ে থাকবে
                টক গন্ধ ওঠা সাদা ভাত

মহাভারতের নারী

গঙ্গা

চর্মচক্ষে যা বহুদূর তাই চলমান নারীত্বের পায়ে
খুব কাছাকাছি এসে অন্তরাল জাগিয়ে তোলে

চুলের বাহার থেকে নেমে এসে জলবতী নারী
পৃথিবীকে শস্যবান করার ছলে জাগিয়েছ কাম
কতিপয় শিসও কি উড়ে আসেনি
দিগ্বিজয়ী রাজাদের তরবারি থেকে?

যে কোনো নৈতিকতা শান্তনু, হস্তশিল্পের মতো ভঙ্গুর
অথচ সম্ভাবনা আছে যথেষ্ট

এটুকু বোঝার ফাঁকে বিবাহপ্রস্তাব ঘিরে পাক খায়
প্রশ্নহীন শর্তজাল
মাছ এসে ধাক্কা মেরে জাগিয়ে তোলে জলের পাহাড়

সার-সার পুরুষ নৌকা গড়িয়ে পড়ে
মহাকাব্যের জটা থেকে

সত্যবতী

জল তো আজীবন বইবে যমুনায় পরাশর
শুধু ছদ্মকুয়াশার ভেতর যোজনগন্ধা এক নারী
                কানীন পুত্র নিয়ে ভীরু

যৌনগন্ধে পাগল রাজার মতি টালমাটাল করে
                বিবাহ ঢুকে পড়ে ধীবর রাজার ঘরে
উত্তরাধিকারহীন শর্তে শান্তনু, সিংহাসন বিচলিত হয়

অকালমৃত দুই পুত্রের ফলে কুরুবংশ নিঃশেষিত প্রায়?

তখনই নির্দেশকের গন্ধ ভেসে যায় যোজন মাইল দূরে
                উপেক্ষিত নায়কের মতো মঞ্চে প্রবেশ করে
                                কৃষ্ণদ্বৈপায়ন

রাজমাতার অঙ্গুলি ওঠে বিধবা পুত্রবধূদের শূন্য গর্ভের দিকে—
                'পূর্ণ করো, ব্যাসদেব'

'যথা আজ্ঞা' বলে সেই থেকে কলম চালনা শুরু

সেই থেকে পৃথিবীতে
                অন্ধত্ব, পাণ্ডুরতা ও ধর্মের প্রসার

কুন্তী

মৃগয়া অতি নিষ্ঠুর স্বভাব, রাজা
ততোধিক নিষ্ঠুর যৌন ক্রীড়ারত পুরুষ হরিণ হত্যা
ঘৃণ্য অভিশাপে ভোঁতা হয়ে যায় লিঙ্গের বোধ

মন্ত্রশক্তি সময় বিশেষে অতি বাজারি ব্যাপার
বহুল ব্যবহারে দেবত্ব গ্রাস করে শরীরমার্গ
গর্ভে ক্ষেত্রজ ফুল ফোটে সুলক্ষণ নিয়ে

অনুমতি সাপেক্ষে শরীরে প্রবেশ করে বাতাস
প্রবেশ করে ধর্মের ফোঁটা
জগতের মঙ্গলার্থে ঘটে যায় ইন্দ্রপতন

এই বহুগামীতার কোনো পাপদুষ্ট দলিল নেই
উত্তরাধিকার শিকারি একজন কামনাপীড়িত রাজা
পুত্রমুখ দর্শনে যার চরম মৈথুনের তৃপ্তি

শুধুমাত্র গোপন রয়ে যায়
পূর্বে কীভাবে তুখোড় ক্ষাত্রতেজ নিয়ে
কুমারীর শরীরে বাসা বেঁধেছিল আলো

বাকিটুকু–
সংস্কারপন্থীরা জানে

দ্রৌপদী

দ্যুত এক ক্রীড়া!
তার সবল চাউনি টলিয়ে দেয় রাজত্বের চূড়া
মুকুট থেকে খসে পড়ে শেষ ধুলোকণা

সে এক মহার্ঘ জেদ
ক্রমশ ফুরিয়ে আসে পণ
রাজার হস্ত থেকে মুছে যায় কুণ্ডলপ্রভা
ঐশ্বর্যের দাগ
নিজেকে শোষণ করে রক্তচর্চিত দানে

এই তবে অন্তিম বাজি! স্ত্রী ধন!
তাও পরাজিত!

রাজসভা উজ্জ্বল করে ভেসে আসে রজঃস্বলা নারী
ছড়িয়ে ছিটিয়ে থাকে ছেঁড়া কেশদাম
মন্ত্রজলে ভেজা

অলক্ষ্যে দাঁড়িয়ে এক পৃথিবীর তাঁতকলের প্রভু
উজাড় করে দেয় সুতোর বাহার

ব্রহ্মাণ্ড ঢেকে যায় রঙিন কাপড়ে

উর্বশী

স্নানও স্মরণীয় হয়ে ওঠে যদি
দেবাসুর জল থেকে ছেঁচে নেয় রক্ত হিম করা রূপের তবক

সে রূপ পালন করে সভাগান, সভানৃত্য
            শয্যা ভরিয়ে তোলে ছুড়ে ফেলা কাঁচুলিবিলাস

যে ধ্যান কঠোর তাকে ভাঙো...
ভাঙো হে লাস্যদেবী, নাভিকুণ্ডে নরক প্রতিষ্ঠা করে

এভাবে কামার্ত হও
যে পুরুষ চেখে দেখতে চাও তার কাছে দাবী করো
                        পূর্ণ তৃপ্তির

প্রত্যাখান ছুটে এলে তাকে বলো
'খসে যাক পুরুষাঙ্গ গোপন কাঁটাটির মতো'

তাকে বানিয়ে দাও কৃষ্ণসখা
আজীবন ঘুরে মরুক তাপপ্রবাহের ভেতর
                    তৃষ্ণাহীন রাখালের দলে

যে সুর স্বপ্নসম্ভবা, লীলাময়ী

সহজপাঠের ওপর ঘুমোচ্ছে আমার নিখুঁত আত্মা
যদিও কিছুই সহজ নয় আর
এই মাটি, এই মৃত্যু শিহরণ সহজ নয়

সমস্ত শ্রাবণের গায়ে জলের ফ্রেসকো দিয়ে আঁকা হচ্ছে
দুঃখের গান
ঝরঝর করে সুর ঝরছে আর ভরে উঠছে বাঁশির লহরা

আমি খুঁজি তাদের, যারা জ্যোৎস্নায় পুড়ে গিয়ে হারিয়েছে বনে
দেখি, রূপোলি শস্যক্ষেতে মেঘ দিয়ে বেণী বাঁধছে
কৃষ্ণকলি নামক কেউ
শান্ত চোখের নিচে বয়ে যাচ্ছে কোপাইয়ের প্রাণ

এমন দিনে আর কী-বা বলা যেতে পারে
শুধু এক মণিহার কদম ফুলের মতো ছড়িয়ে ছিটিয়ে থাকে
পুরোনো কথার স্তূপে
স্রোতের ভেতর ওঠে হাওয়া, নৌকা মিলিয়ে যায়
সারি সারি কাটা ধান ওড়ে
পড়ে থাকে বৈঠা ও মাঝি

কী রং দেবে আজ বিসর্জন দিনে?
আমি তো কোনো অভিসারে বিশ্বাসী নই
বরঞ্চ তুলে দিও দু-মুঠো শব্দবীজ কিংবা
মনখারাপের স্বরলিপি

সেতার একাকীই বাজবে উপাসনাগৃহে
কতশত বসে যাওয়া গলা আবার উঠবে কোনো শ্রাবণ সন্ধ্যায়

আমি এক দূরবর্তী শ্রোতা
যতটুকু গ্রহণ করব নিশ্বাসে তার চেয়েও বেশি ছুড়ে দেবো
                          সোনাঝুরির জঙ্গলে
গাছেদের সংসারে গেয়ে উঠবে প্রিয় রাঙা পাখি
আমি এক মূর্খ ভিখারী
স্বর্ণ হাতের ছোঁয়ায় স্পষ্ট বুঝতে পারি
আজন্মকাল এই ঘুমন্ত আত্মায়, লীলাময়ী সুর
            ঝরতেই থাকবে... ঝরতেই থাকবে...

যে বাঁশিতে অনন্তরাগ বাজে

১.

বাঁশি কি বিসমিল্লাহ্?
ছায়াকে আপন করে বেড়ে উঠছে কর্মশালায়

বাঁশির প্রতিটি ফুঁটো মাটির কলস
ফুঁ ঢালো প্রাণবায়ু ঢালো
             গর্ভ থেকে উঠে আসবে স্বর্ণময়ূর

ময়ূর রহস্যময় পাখি
ছড়াবে রঞ্জনদাগ
             কুহকের গোপনীয় কথা

ভিড়ের মধ্যে বসে নীল হয়ে যাবে এই জিহ্বা
             নীল হয়ে যাবে যত গাঢ় নীরবতা

২.

সুরও বস্ত্র হয়ে ঝরে
আড়ালে রয়ে যায় রক্ষাকারী বাঁশিটির আত্মা

যতবার নেমেছে রাক্ষসগণ নারীটির দেহে
কূটনীতি তীব্র হয়েছে
পাশার চাল উলটে দিয়ে এসেছে মল্হার

সে এক পুরাণবালক গো-চারণের ছদ্মবেশে
             ভরিয়েছে অহংয়ের বাঁশি
তাকেই সন্দেহ করি
             জেগে ওঠে কৃষ্ণগামিনী যত দাসী

৩.
ভাঙো মূর্ছা ভাঙো নিদ্রা
বাঁশিকে আছড়ে ভাঙো শতাব্দী পাথরে
সুর পুড়ে গেলে ধোঁয়া ওঠে
        গলা অবধি ঠেসে ধরে ছাই

ঘরের ভেতর মাহাত্ম্য জ্বলজ্বল করে
অভিশাপ মনে হয় তুলোর চেয়ে হালকা
        আগুনের ত্রাণ নিয়ে উঠে আসে দেশ

আত্মভ্রমে মানুষেরই দেহ গড়ে ওঠে
শুরু হয় সালোকসংশ্লেষ

নোটেশন

প্রাসঙ্গিক হুইসেলে লেগে আছে মুলতানি মাটির রং।
তোমার আমার মাঝে বছর সেরা লেভেল ক্রসিং পড়ে গেছে,
মানবিক স্টেশন সংলগ্ন মায়ায় দাঁড়িয়েছ নির্ভার,
আমার কোনো জুতো নেই, বহুমুখী ছায়ার ঘূর্ণন নেই
তবু এই তুলে দিলাম অন্ধ লিরিক,
অতিথি পিয়ানোর সারাৎসারযুক্ত প্রগাঢ়তা।

এরপর আমাকে নোটেশনে বেঁধে গেয়ে বেড়াও ট্রেনে ট্রেনে

ফেব্রুয়ারি ও ভাষার সকাল

ঝলসানো সকালের মধ্যে আরেক ঘুমন্ত সকাল জেগে ওঠার পর
থতমত হয়ে আছি নিভে যাওয়া জলক্রীড়ার মতো।

চুপ হাওয়া উঠে আসে কৈবল্যদায়িনী পদ্মার চারুকলা থেকে

চর জুড়ে প্রশস্ত আলোর নিচে অনন্ত হেঁটে যাওয়া মানুষের দল
আমাকে ঈর্ষা দাও ঘাম দাও রক্ত দাও
আনত হতে দাও অক্ষরের কাছে।

ফেব্রুয়ারির শেষ শীতে জ্বলন্ত শব্দ ঠোঁটে উড়ে যাওয়ার আগে
তোমাদের পাশে যেন দু-দন্ড পরিযায়ী হতে পারি।

শৈশবের পাখিরালয়

জন্মান্তরের ওধারে পাঁজর ভেদ করে ক্রমাগত বৃষ্টি পড়ছে
                    রবীন্দ্রগানের মতো।
আমার আগত শৈশবের ভেতর উড়ে যাচ্ছে হরিয়াল পাখির ঝাঁক
                    দুপুর অতিক্রম করে।

কতদূর যেতে পারে ওরা?
যেদিকে সপ্তসুরের আকাশ নেমে গেছে ছেঁড়া গানের খাতায়
ভাদ্রের সদ্যোজাত শালুক থেকে সুর উঠছে আর উঠছে।
ওখানেই সমস্ত উড়ানের মৃত্যু ঘটিয়ে গৃহীত হয়েছে
                              পুনর্বাসন কেন্দ্র,
অতটাই স্বরলিপিহীন পথের সীমানা।

হয়তো একযুগ পর ফিরে আসবে দুঃখিত পাখি
শরীরে ভেজা পালকগুলি ম্লান
ঠোঁটের ডগায় লেগে বিমর্ষ কিছু লিরিকের রং–
দেখবে, শৈশবের পাখিরালয়ে তখনো অফুরন্ত বৃষ্টি পড়ছে
                              রবীন্দ্রগানের মতো

নির্বাসন

কেউ নির্বাসন কাটিয়ে এলো লোকালয়ে

আমরা ল্যাম্পপোস্ট লক্ষ করে হেঁটে চলেছি
কয়েকশো বছর
আরো দূরে সরে যাচ্ছে আলোর ফিনকি
যেভাবে কাঁচা হাওয়ায় ঢাকা পড়ে যায় সমস্ত পুণ্যভাণ্ডার—
দীর্ঘ অপেক্ষায় বেড়ে ওঠে জুতোর বন্ধ্যাত্ব।

আমাদের সর্নিবন্ধ হাঁটার
কঙ্কাল বেরিয়ে আসে লোভনীয় ফুটপাথে।
রাস্তায় রাস্তায় আজ কী মহোৎসব লেগেছে যেন,
আর আজই আমি বাড়ি ফিরছি দু-খানা অনিয়মিত বাঘ কিনে।

নির্বাসন কাটিয়ে ফিরে এলো যে, তাকে
হরিণের বিভীষিকা উপহার দেবো রাতের খাবারে।

জঠর

পূজনীয় সাপের কঙ্কাল
খুঁড়ে বার করে আনছেন আমার আদৃত বাবা

আমি সরে দাঁড়ালাম বন্ধুতার থেকে
মূল্যবান বিষের আধার সংগ্রহ করে রাখলাম দিনাবসানে

যাও, পৃথিবীর সমস্ত তল্পিবাহক
দুঃখিত হও অমানুষিক খোদাইয়ের কাছে

যে ছিদ্র চলে গেছে মাটির গভীরে
তার শেষে আমরা শিকড়ের মতো

বরখা বাহার

অলস বিকেল থেকে নামছে মেঘেদের জোড়া।
কত যে বরখা বাহার এসে ফিরে গেল রেস্টরুমে
আমাদের জন্য ফেলে গেল পরিশুদ্ধ জলের পাণ্ডুলিপি
                                        না ফোটা অক্ষর

'তাকাব না' করেও সেই তাকিয়েছি কোমল ভৈরবীটির দিকে
তাকে মনে হয় ধ্রুপদী আলাপের মতো একা।

শেষ দ্রাঘিমাংশে কারা যেন নহবতে বসেছে
                        উলঙ্গ পুরোহিত হয়ে

আমাকে আজ অন্যের পতাকা তুলে নিতে দাও।
আমি অদৃশ্য টাঙ্গা চড়ে পেরিয়ে যাব বায়োস্কোপের মাঠ
লিখে ফেলব ক্যামেরার সাথে হারিয়ে যাওয়া
অজস্র দিগ্বিজয়ী মুখের কলাম

কারণ, বহুদিন পর আজ এসেছে বরখা বাহার আর
                মেঘেদের গান্ধর্ব বিবাহের চিঠি

মাতৃত্ব

মাতৃত্বের হাত পুড়ে গেছে ফুটন্ত শিসায়
পোড়েনি বলতে স্নেহলতা ভঙ্গিমাটুকু

আমরা ভেসে গেছি দূরে দূরে আবছায়ে

মায়ের সংসারে এসে কুটনো কুটছে বিধাতা স্বয়ং

জলে ভেজা অক্ষর

কেউ কোনোদিন অপাপবিদ্ধ চোখে
খুলে দেখেনি তো মৃৎশিল্পীর বুক
কী আর রয়েছে প্রতিবাদহীন শোকে
খড়ের কাঠামো, গুলি গোলা বন্দুক?

মেঘ থেকে নামে পদাবলী রচয়িতা
কেউ কোনোদিন ছুঁয়ে দেখে তার মোহ?
লেখার ভেতর জ্বলছে ব্রহ্মচিতা
খাগের কলম-অভিমান-বিদ্রোহ

আগুন বৃষ্টি ভাসিয়ে দিয়েছে নদী
তীরে এসে ওঠে চর্যাগানের দল
ময়ূরপালক প্রাণ ফিরে পায় যদি
আগুন নিংড়ে ভালবাসা দেবে জল

জলে ভেজা সব অক্ষর নিয়ে শেষে
প্রাচীন ডিঙিতে কবি ভেসে যাবে, ভেসে...